Impressum
Verlag: BABADADA GmbH, Nedderfeld 112 , 22529 Hamburg
Geschäftsführer / Verlagsleitung: Harald Hof
Druck: Books on Demand GmbH, In de Tarpen 42, 22848 Norderstedt

Imprint
Publisher: BABADADA GmbH, Nedderfeld 112 , 22529 Hamburg, Germany
Managing Director / Publishing direction: Harald Hof
Print: Books on Demand GmbH, In de Tarpen 42, 22848 Norderstedt

l'école

5ch00l

la salle de classe
cl455r00m

diviser
d1v1d3

186/2

le tableau noir
b04rd

la cour (de récréation)
5ch00l y4rd

le professeur
734ch3r

le papier
p4p3r

écrire
wr173

le stylo
p3n

le bureau
d35k

la règle
rul3r

le livre
b00k

l'élève
pup1l

le cartable

547ch3l

la trousse

p3nc1l c453

le crayon

p3nc1l

le taille-crayon

p3nc1l 5h4rp3n3r

la gomme

rubb3r

le carnet à dessin

dr4w1n6 p4d

le dessin
dr4w1n6

le pinceau
p41n7bru5h

la boîte de peinture
p41n7 b0x

les ciseaux
5c1550r5

la colle
6lu3

le cahier d'exercices
3x3rc153 b00k

les devoirs
h0m3w0rk

le chiffre
numb3r

additionner
4dd

soustraire
5ub7r4c7

multiplier
mul71ply

calculer
c4lcul473

la lettre
l3773r

l'alphabet
4lph4b37

le mot
w0rd

le texte

73x7

lire

r34d

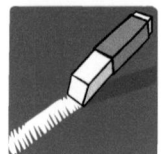

la craie

ch4lk

la leçon

l3550n

le livre de classe

r361573r

l'examen

3x4m1n4710n

le certificat

c3r71f1c473

l'uniforme scolaire

5ch00l un1f0rm

la formation

3duc4710n

le lexique

3ncycl0p3d14

l'université

un1v3r517y

le microscope

m1cr05c0p3

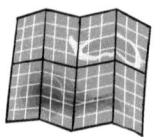

la carte

m4p

la corbeille à papier

w4573-p4p3r b45k37

le voyage

7r4v3l

l'hôtel
h073l
Grand
l'auberge
h0573l
ROOMS
le bureau de change
curr3ncy 3xch4n63 0ff1c3
€CHANGE
la valise
5u17c453
la voiture
c4r

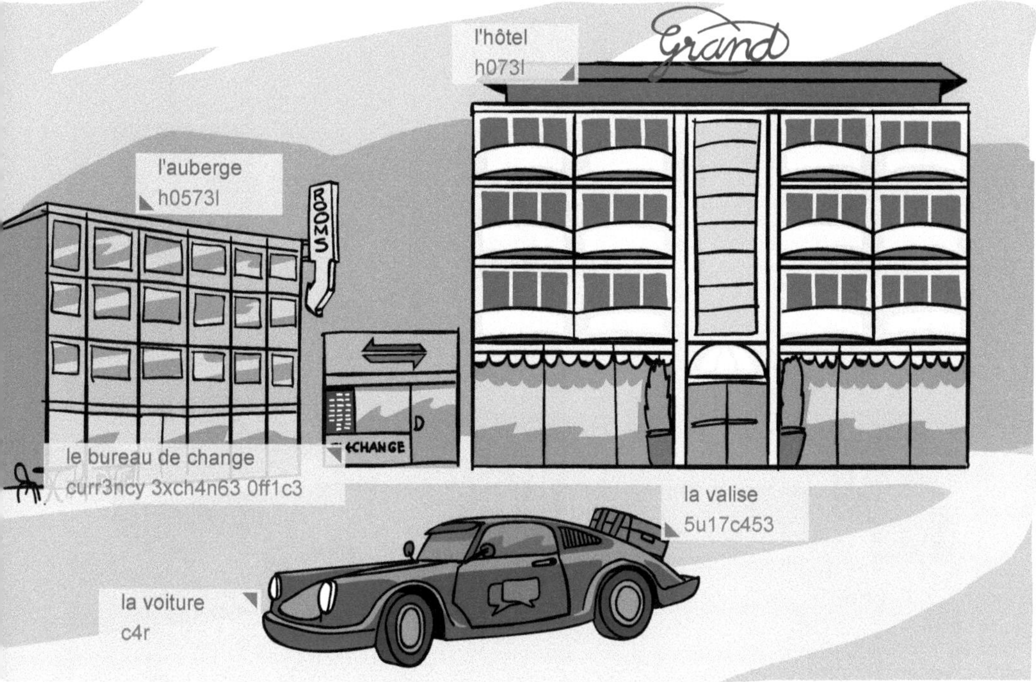

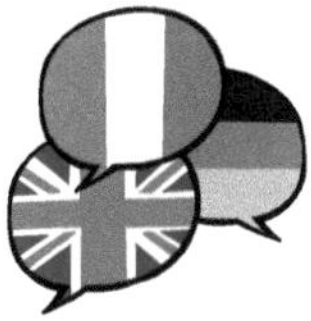

la langue

l4n6u463

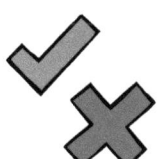

oui / non

y35 / n0

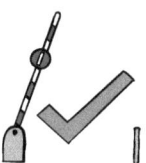

d'accord

0k4y

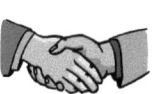

Salut

h3ll0

l'interprète

7r4n5l470r

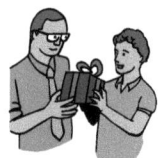

merci

7h4nk y0u

Combien coûte...?

h0w much 15

Je ne comprends pas

1 d0 n07 und3r574nd

le problème

pr0bl3m

Bonsoir !

600d 3v3n1n6!

Bonjour !

600d m0rn1n6!

Bonne nuit !

600d n16h7!

Au revoir

600dby3

la direction

d1r3c710n

les bagages

lu66463

le sac

b46

le sac-à-dos

b4ckp4ck

l'hôte

6u357

la pièce

r00m

le sac de couchage

5l33p1n6 b46

la tente

73n7

l'office de tourisme

70ur157 1nf0rm4710n

la plage

b34ch

la carte de crédit

cr3d17 c4rd

le petit-déjeuner

br34kf457

le déjeuner

lunch

le dîner

d1nn3r

le billet

71ck37

l'ascenseur

3l3v470r

le timbre

574mp

la frontière

b0rd3r

la douane

cu570m5

l'ambassade

3mb455y

le visa

v154

le passeport

p455p0r7

le transport

7r4n5p0r7

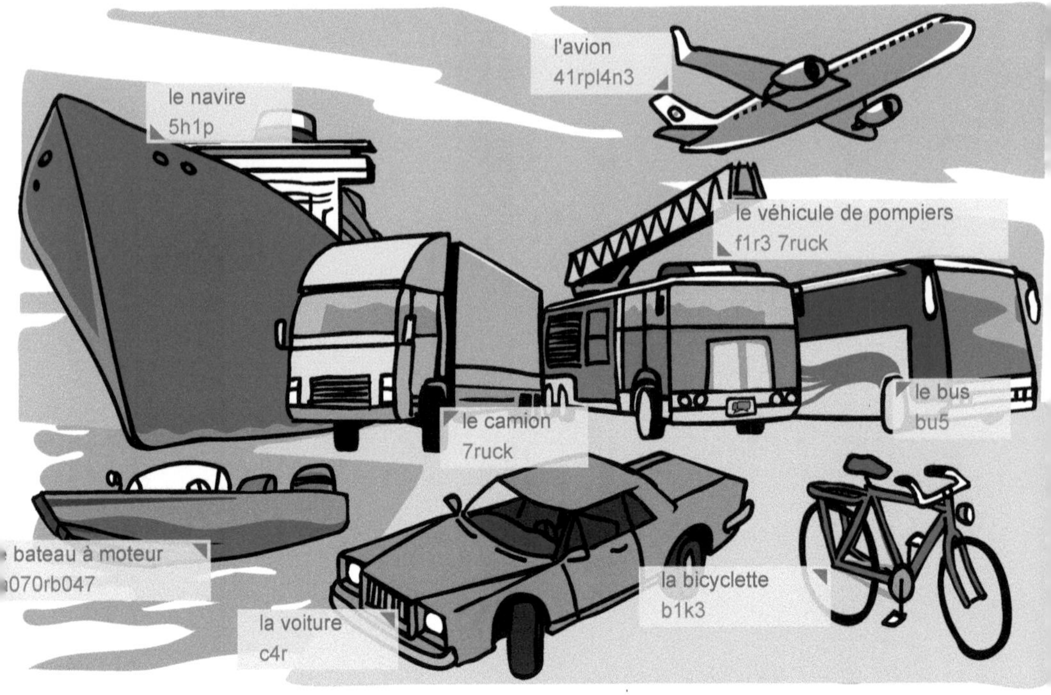

l'avion
41rpl4n3
le navire
5h1p
le véhicule de pompiers
f1r3 7ruck
le bus
bu5
le camion
7ruck
bateau à moteur
070rb047
la bicyclette
b1k3
la voiture
c4r

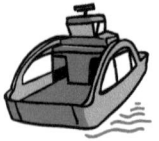

le ferry

f3rry

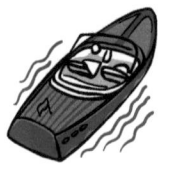

la barque

b047

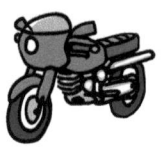

la moto

m070rb1k3

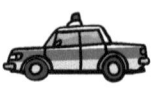

la voiture de police

p0l1c3 c4r

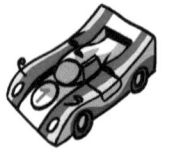

la voiture de course

r4c1n6 c4r

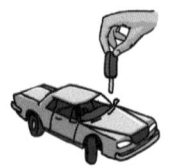

la voiture de location

r3n74l c4r

l'auto-partage

c4r 5h4r1n6

la voiture de remorquage

70w 7ruck

la benne à ordures

64rb463 7ruck

le moteur

3n61n3

l'essence

fu3l

la station d'essence

fu3l 574710n

le panneau indicateur

7r4ff1c 516n

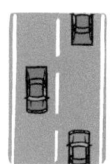

le trafic

7r4ff1c

l'embouteillage

7r4ff1c j4m

le parking

p4rk1n6 l07

la gare

7r41n 574710n

les rails

7r4ck5

le train

7r41n

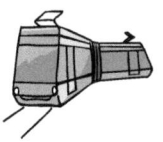

le tramway

7r4m

le wagon

w460n

l'hélicoptère

h3l1c0p73r

l'aéroport

41rp0r7

la tour

70w3r

le passager

p4553n63r

le conteneur

c0n741n3r

le carton

c4r70n

le chariot

c4r7

la corbeille

b45k37

décoller / atterrir

74k3 0ff / l4nd

la ville

c17y

le village

v1ll463

le centre-ville

c17y c3n73r

la maison

h0u53

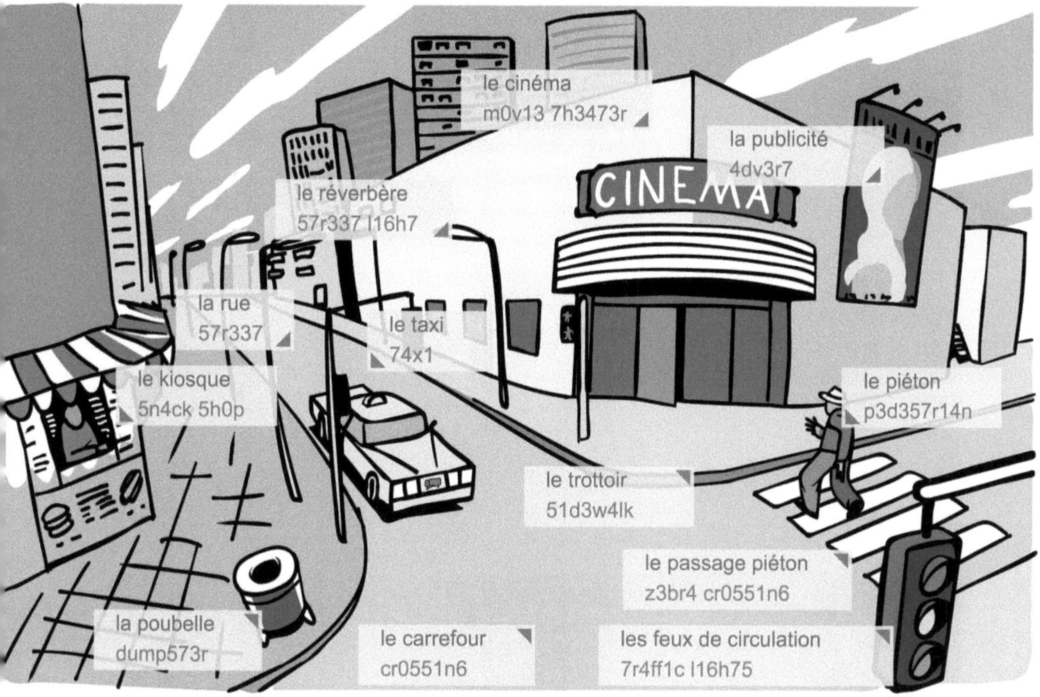

le cinéma
m0v13 7h3473r

la publicité
4dv3r7

le réverbère
57r337 l16h7

la rue
57r337

le taxi
74x1

le piéton
p3d357r14n

le kiosque
5n4ck 5h0p

le trottoir
51d3w4lk

le passage piéton
z3br4 cr0551n6

la poubelle
dump573r

le carrefour
cr0551n6

les feux de circulation
7r4ff1c l16h75

la cabane
hu7

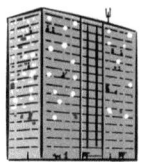

l'appartement
4p4r7m3n7

la gare
7r41n 574710n

la mairie
c17y h4ll

le musée
mu53um

l'école
5ch00l

l'université

un1v3r517y

la banque

b4nk

l'hôpital

h05p174l

l'hôtel

h073l

la pharmacie

ph4rm4cy

le bureau

0ff1c3

la librairie

b00k 5h0p

le magasin

5h0p

le fleuriste

fl0w3r 5h0p

le supermarché

5up3rm4rk37

le marché

m4rk37

le grand magasin

d3p4r7m3n7 570r3

la poissonnerie

f15hm0n63r'5 5h0p

le centre commercial

m4ll

le port

h4rb0r

le parc

p4rk

la banque

b3nch

le pont

br1d63

les escaliers

5741r5

le métro

5ubw4y

le tunnel

7unn3l

l'arrêt de bus

bu5 570p

le bar

b4r

le restaurant

r3574ur4n7

la boîte à lettres

p057b0x

le panneau indicateur

57r337 516n

le parcmètre

p4rk1n6 m373r

le zoo

z00

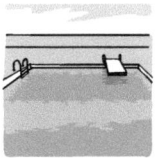

le réverbère

5w1mm1n6 p00l

la mosquée

m05qu3

la ferme
f4rm

la pollution
p0llu710n

la cimetière
c3m373ry

l'église
church

l'aire de jeux
pl4y6r0und

le temple
73mpl3

le paysage
l4nd5c4p3

la feuille
l34f

le panneau indicateur
516np057

le chemin
p47h

le pré
m34d0w

la pierre
570n3

le randonneur
h1k3r

l'arbre
7r33

la rivière
r1v3r

l'herbe
6r455

la fleur
fl0w3r

la vallée

v4ll3y

la montagne

h1ll

le lac

l4k3

la forêt

f0r357

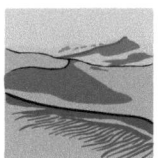

le désert

d353r7

le volcan

v0lc4n0

le château

c457l3

l'arc-en-ciel

r41nb0w

le champignon

mu5hr00m

le palmier

p4lm 7r33

le moustique

m05qu170

la mouche

fly

les fourmis

4n7

l'abeille

b33

l'araignée

5p1d3r

le coléoptère

b337l3

la grenouille

fr06

l'écureuil

5qu1rr3l

le hérisson

h3d63h06

le lièvre

h4r3

la chouette

0wl

l'oiseau

b1rd

le cygne

5w4n

le sanglier

b04r

le cerf

d33r

l'élan

m0053

le barrage

d4m

l'éolienne

w1nd 7urb1n3

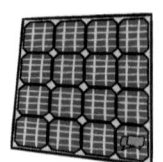

le panneau solaire

50l4r p4n3l

le climat

cl1m473

le restaurant
r3574ur4n7

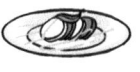

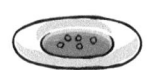

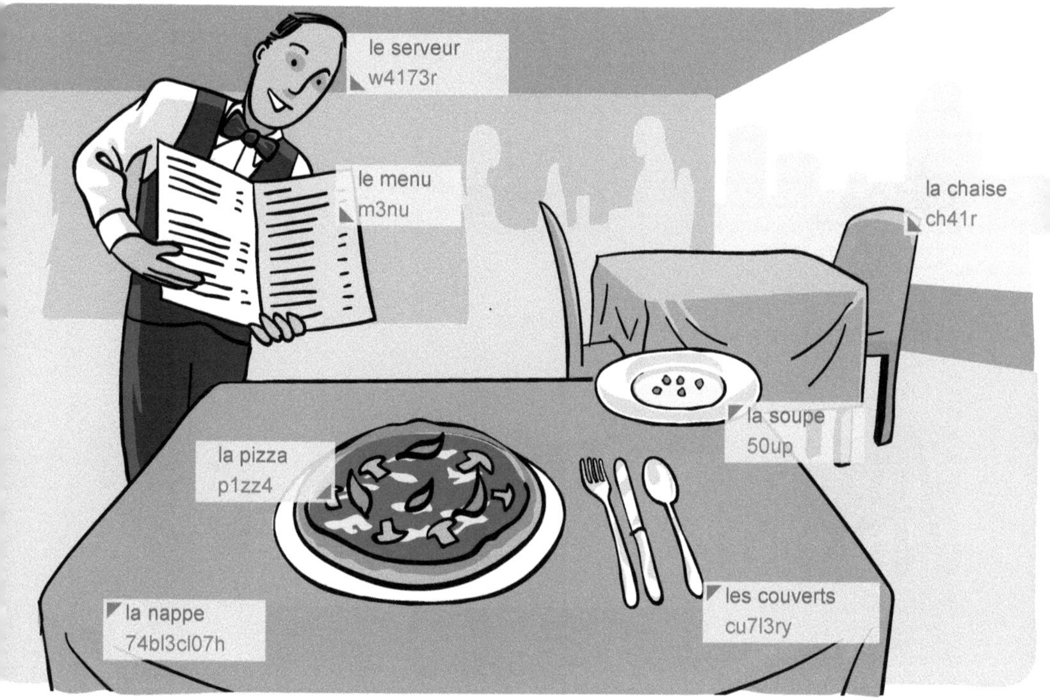
le serveur
w4173r
le menu
m3nu
la chaise
ch41r
la soupe
50up
la pizza
p1zz4
les couverts
cu7l3ry
la nappe
74bl3cl07h

les hors d'œuvre

574r73r

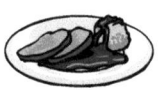

le plat principal

m41n c0ur53

le dessert

d3553r7

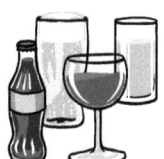

les boissons

dr1nk5

l'alimentation

f00d

la bouteille

b077l3

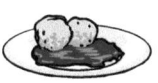

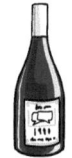

le fast-food

f457 f00d

les plats à emporter

57r337 f00d

la théière

734p07

le sucrier

5u64r b0wl

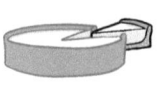

la portion

p0r710n

la machine à expresso

35pr3550 m4ch1n3

la chaise haute

h16h ch41r

la facture

b1ll

le plateau

7r4y

le couteau

kn1f3

la fourchette

f0rk

la cuillère

5p00n

la cuillère à thé

7345p00n

la serviette

53rv13773

le verre

6l455

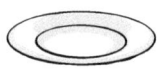

l'assiette

pl473

l'assiette à soupe

50up pl473

la soucoupe

54uc3r

la sauce

54uc3

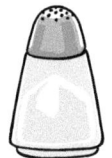

la salière

54l7 5h4k3r

le moulin à poivre

p3pp3r m1ll

le vinaigre

v1n364r

l'huile

01l

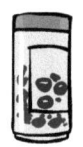

les épices

5p1c35

le ketchup

k37chup

la moutarde

mu574rd

la mayonnaise

m4y0nn4153

le supermarché

5up3rm4rk37

l'offre promotionnelle
5p3c14l 0ff3r
FOR
le client
cu570m3r
les produits laitiers
d41ry pr0duc75
les fruits
fru17
le chariot
5h0pp1n6 c4r7

BUTCHERS

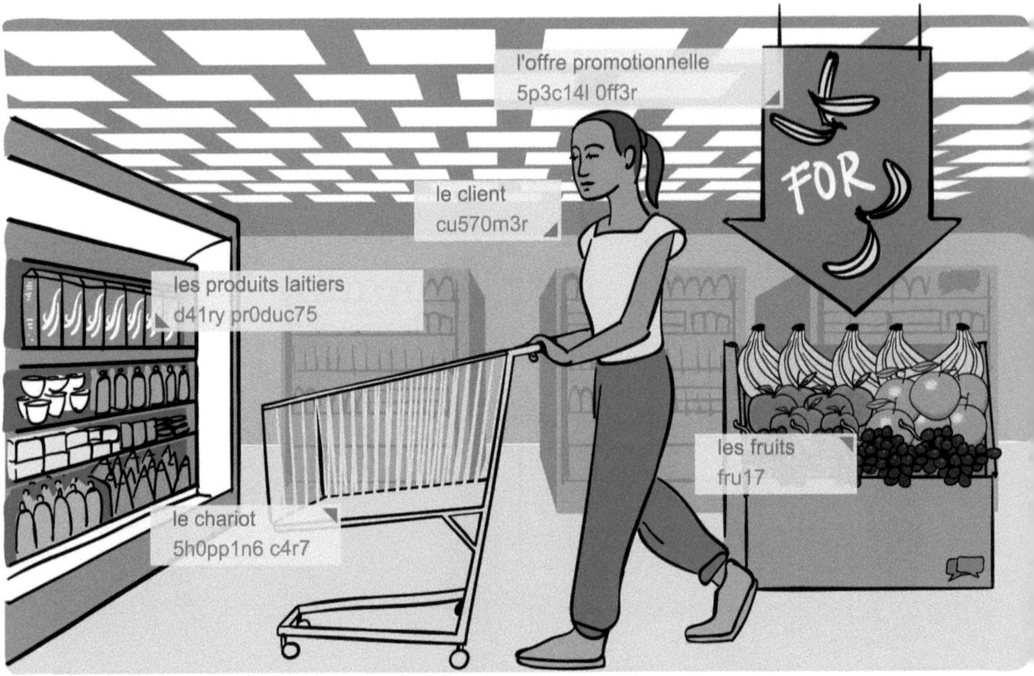

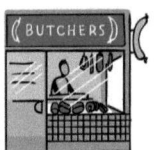

la boucherie

bu7ch3r'5 5h0p

BAKERY

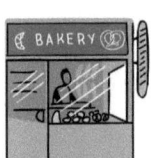

la boulangerie

b4k3ry

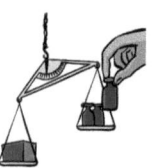

peser

w316h

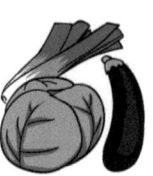

les légumes

v36374bl35

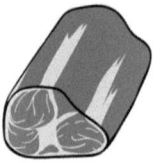

la viande

m347

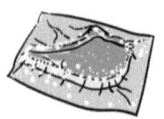

les aliments surgelés

fr0z3n f00d

la charcuterie
c0ld cu75

les conserves
c4nn3d f00d

la poudre à lessive
d373r63n7

les bonbons
c4ndy

les articles ménagers
h0u53h0ld pr0duc75

les détergents
cl34n1n6 pr0duc75

la vendeuse
54l35 r3pr353n7471v3

la caisse
c45h r361573r

le caissier
c45h13r

la liste d'achats
5h0pp1n6 l157

les heures d'ouverture
0p3n1n6 h0ur5

le portefeuille
w4ll37

la carte de crédit
cr3d17 c4rd

le sac
b46

le sac en plastique
pl4571c b46

l'eau

w473r

le jus de fruit

ju1c3

le lait

m1lk

le coca

c0k3

le vin

w1n3

la bière

b33r

l'alcool

4lc0h0l

le chocolat chaud

c0c04

le thé

734

le café

c0ff33

l'expresso

35pr3550

le cappuccino

c4ppucc1n0

la banane

b4n4n4

la pomme

4ppl3

l'orange

0r4n63

le melon

m3l0n

le citron.

l3m0n

la carotte

c4rr07

l'ail

64rl1c

le bambou

b4mb00

l'oignon

0n10n

le champignon

mu5hr00m

les noisettes

nu75

les pâtes

n00dl35

les spaghetti

5p46h3771

le riz

r1c3

la salade

54l4d

les pommes frites

fr135

les pommes de terre rôties

fr13d p0747035

la pizza

p1zz4

le hamburger

h4mbur63r

le sandwich

54ndw1ch

l'escalope

35c4l0p3

le jambon

h4m

le salami

54l4m1

la saucisse

54u5463

le poulet

ch1ck3n

le rôti

r0457

le poisson

f15h

les flocons d'avoine

p0rr1d63 0475

le muesli

mu35l1

les cornflakes

c0rnfl4k35

la farine

fl0ur

le croissant

cr01554n7

les petits-pains

br34d r0ll

le pain

br34d

le pain grillé

70457

les biscuits

c00k135

le beurre

bu773r

le fromage blanc

curd

le gâteau

c4k3

l'œuf

366

l'œuf au plat

fr13d 366

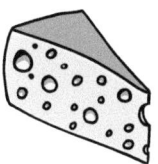

le fromage

ch3353

l'alimentation - f00d

la glace

1c3 cr34m

le sucre

5u64r

le miel

h0n3y

la confiture

j3lly

la crème nougat

n0u647 cr34m

le curry

curry

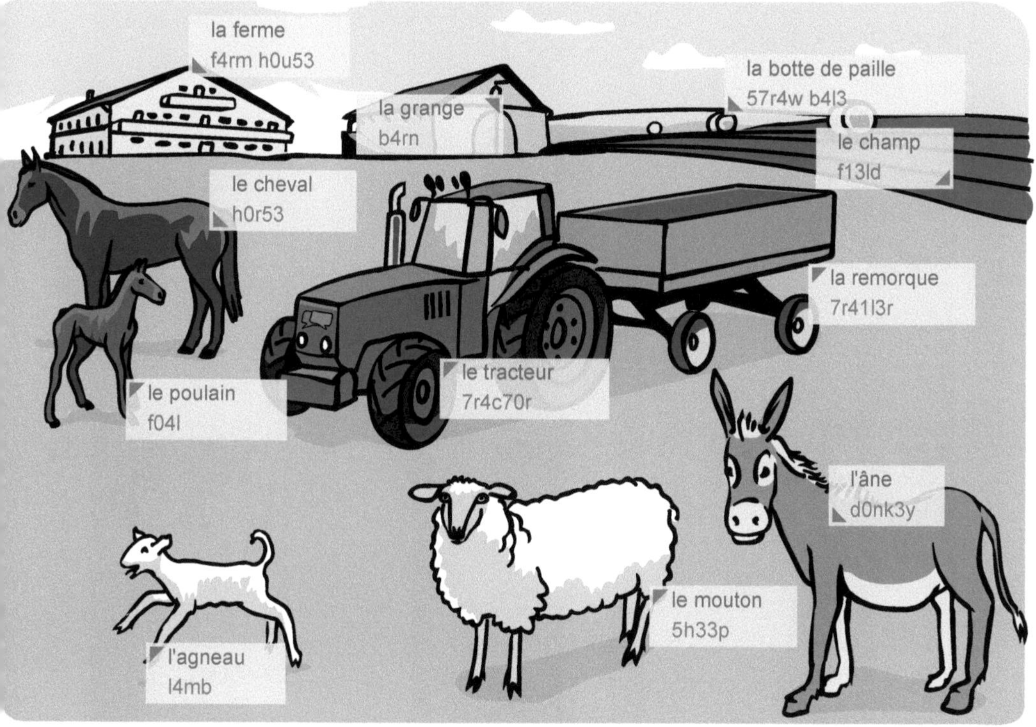

la ferme
f4rm h0u53

la botte de paille
57r4w b4l3

la grange
b4rn

le champ
f13ld

le cheval
h0r53

la remorque
7r41l3r

le poulain
f04l

le tracteur
7r4c70r

l'âne
d0nk3y

le poulain
f04l

le mouton
5h33p

l'agneau
l4mb

la chèvre

6047

la vache

c0w

le veau

c4lf

le porc

p16

le porcelet

p16l37

le taureau

bull

l'oie

60053

le canard

duck

le poussin

ch1ck

la poule

h3n

le coq

c0ck3r3l

le rat

r47

le chat

c47

la souris

m0u53

le bœuf

0x

le chien

d06

le chenil

d06 h0u53

le tuyau de jardin

64rd3n h053

l'arrosoir

w473r1n6 c4n

la faucheuse

5cy7h3

la charrue

pl0u6h

la faucille

51ckl3

la pioche

h03

la fourche

p17chf0rk

la hache

4x3

la brouette

pu5hc4r7

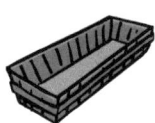

la cuve

7r0u6h

le pot à lait

m1lk c4n

le sac

54ck

la clôture

f3nc3

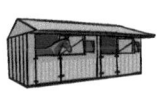

l'étable

574bl3

le serre

6r33nh0u53

le sol

501l

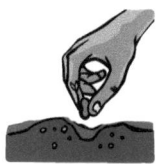

les semences

533d

l'engrais

f3r71l1z3r

la moissonneuse-batteuse

c0mb1n3 h4rv3573r

récolter

h4rv357

la récolte

h4rv357

l'igname

y4m5

le blé

wh347

le soja

50y4

la pomme de terre

p07470

le maïs

c0rn

le colza

r4p3533d

l'arbre fruitier

fru17 7r33

le manioc

m4n10c

les céréales

6r41n

la maison
h0u53

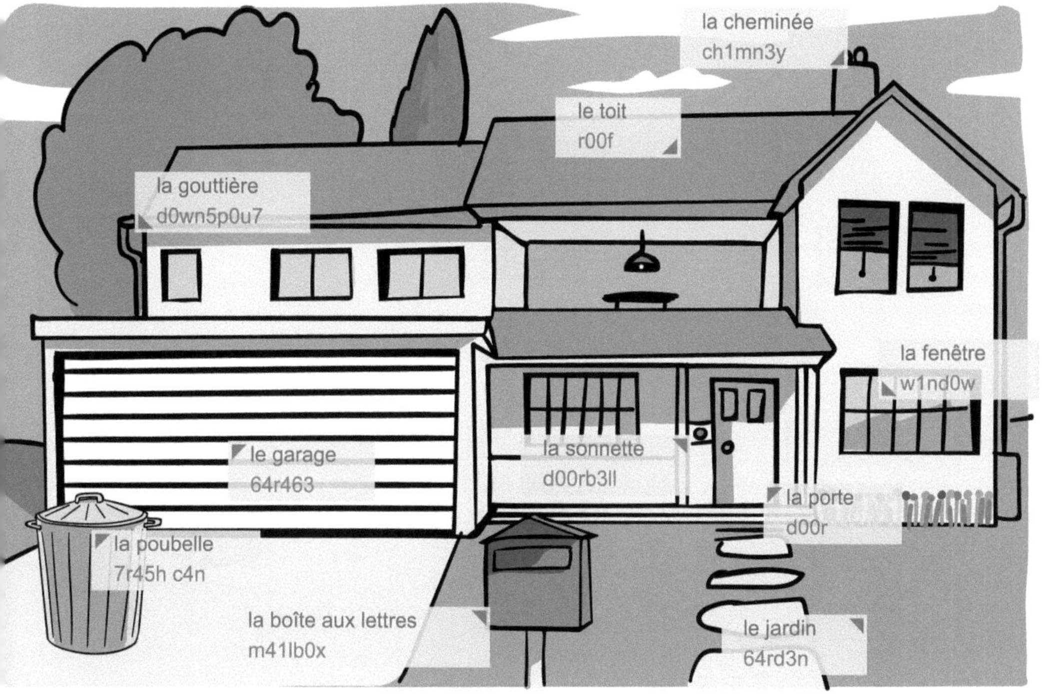

la cheminée
ch1mn3y
le toit
r00f
la gouttière
d0wn5p0u7
la fenêtre
w1nd0w
le garage
64r463
la sonnette
d00rb3ll
la porte
d00r
la poubelle
7r45h c4n
la boîte aux lettres
m41lb0x
le jardin
64rd3n

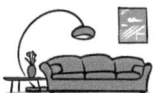

le salon

l1v1n6 r00m

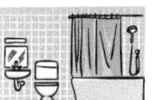

la salle de bain

b47hr00m

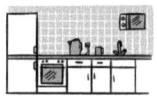

la cuisine

k17ch3n

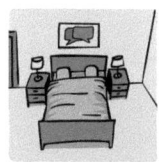

la chambre à coucher

b3dr00m

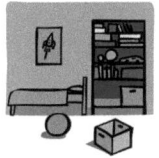

la chambre d'enfant

ch1ld'5 r00m

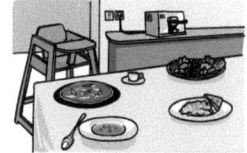

la salle à manger

d1n1n6 r00m

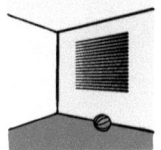

le sol

fl00r

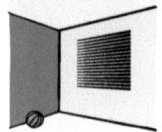

le mur

w4ll

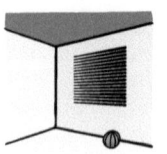

le plafond

c31l1n6

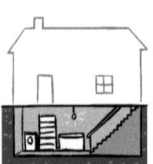

la cave

c3ll4r

le sauna

54un4

le balcon

b4lc0ny

la terrasse

73rr4c3

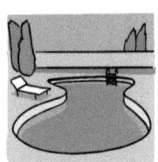

la piscine

p00l

la tondeuse à gazon

l4wn m0w3r

la housse

5h337

la couette

b3d5pr34d

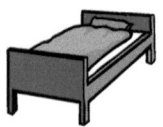

le lit

b3d

le balai

br00m

le sceau

buck37

l'interrupteur

5w17ch

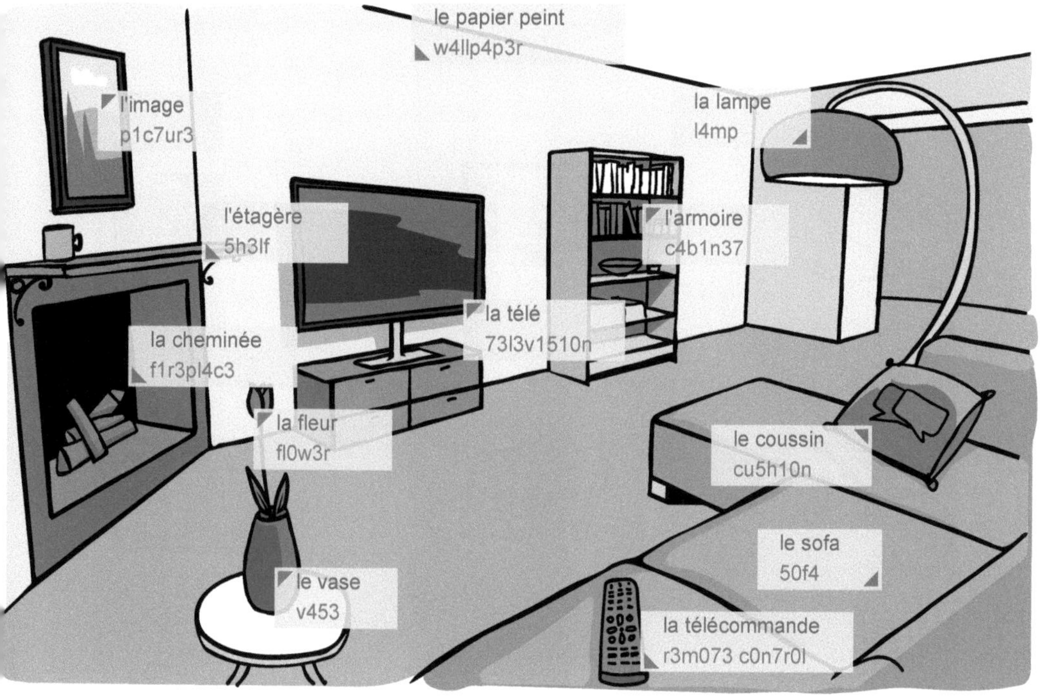

le papier peint
w4llp4p3r

l'image
p1c7ur3

la lampe
l4mp

l'étagère
5h3lf

l'armoire
c4b1n37

la cheminée
f1r3pl4c3

la télé
73l3v1510n

la fleur
fl0w3r

le coussin
cu5h10n

le sofa
50f4

le vase
v453

la télécommande
r3m073 c0n7r0l

le tapis

c4rp37

le rideau

dr4p3

la table

74bl3

la chaise

ch41r

la chaise à bascule

r0ck1n6 ch41r

le fauteuil

4rmch41r

le livre

b00k

la couverture

bl4nk37

la décoration

d3c0r4710n

le bois de chauffage

f1r3w00d

le film

f1lm

la chaîne hi-fi

573r30 5y573m

la clé

k3y

le journal

n3w5p4p3r

la peinture

p41n71n6

le poster

p0573r

la radio

r4d10

le bloc-notes

n073b00k

l'aspirateur

v4cuum cl34n3r

le cactus

c4c7u5

la bougie

c4ndl3

la cuisine
k17ch3n

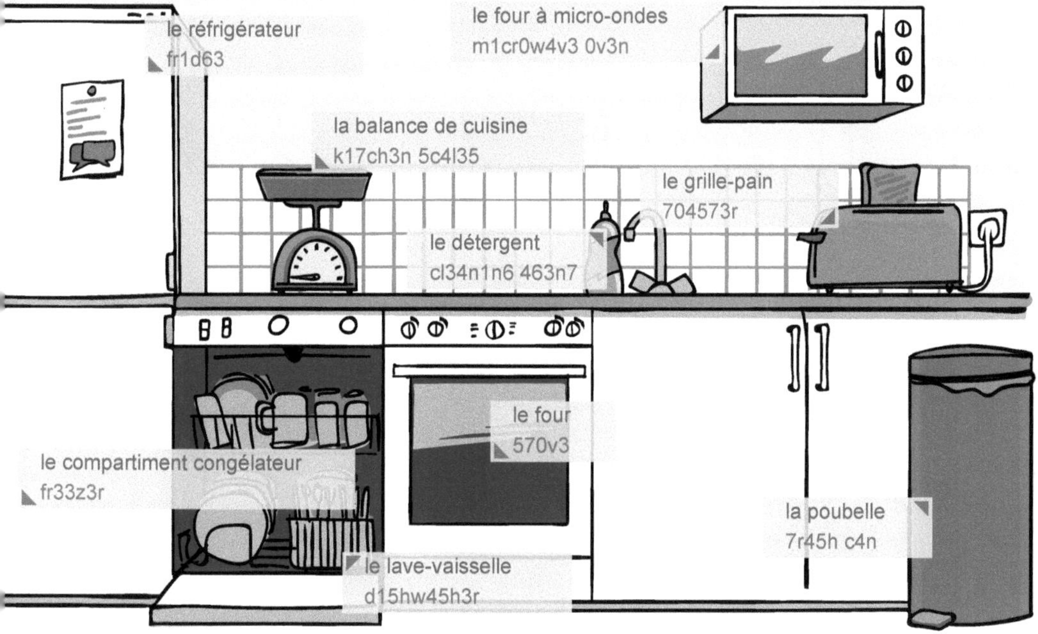
le réfrigérateur
fr1d63
le four à micro-ondes
m1cr0w4v3 0v3n
la balance de cuisine
k17ch3n 5c4l35
le grille-pain
704573r
le détergent
cl34n1n6 463n7
le four
570v3
le compartiment congélateur
fr33z3r
la poubelle
7r45h c4n
le lave-vaisselle
d15hw45h3r

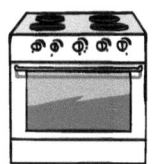

le four
c00k3r

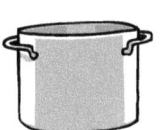

la casserole
p07

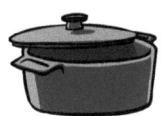

la marmite
c457-1r0n p07

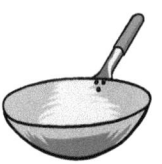

le wok / kadai
w0k / k4d41

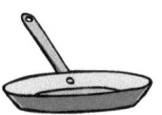

la poêle
p4n

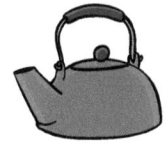

la bouilloire electrique
k377l3

le cuiseur vapeur

5734m3r

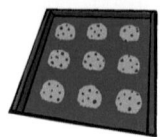

la plaque de cuisson

b4k1n6 7r4y

la vaisselle

cr0ck3ry

le gobelet

mu6

la coupe

b0wl

les baguettes

ch0p571ck5

la louche

l4dl3

la spatule

5p47ul4

le fouet

wh15k

la passoire

57r41n3r

le tamis

513v3

la râpe

6r473r

le mortier

m0r74r

le barbecue

b4rb3cu3

la cheminée

f1r3pl4c3

la planche à découper

ch0pp1n6 b04rd

le rouleau à pâtisserie

r0ll1n6 p1n

le tire-bouchon

c0rk5cr3w

la boîte

c4n

l'ouvre-boîte

c4n 0p3n3r

les maniques

0v3n cl07h

le lavabo

51nk

la brosse

bru5h

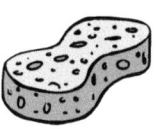

l'éponge

5p0n63

le mixeur

bl3nd3r

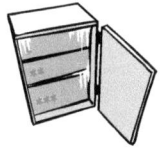

le congélateur

d33p fr33z3r

le biberon

b4by b077l3

le robinet

74p

la salle de bain

b47hr00m

la douche
5h0w3r
le chauffage
h3471n6
la serviette
70w3l
le rideau de douche
5h0w3r cur741n
le bain moussant
bubbl3 b47h
la baignoire
b47h7ub
le verre
6l455
la machine à laver
w45h1n6 m4ch1n3
le robinet
74p
le carrelage
71l35
le pot
p077y
le lavabo
51nk

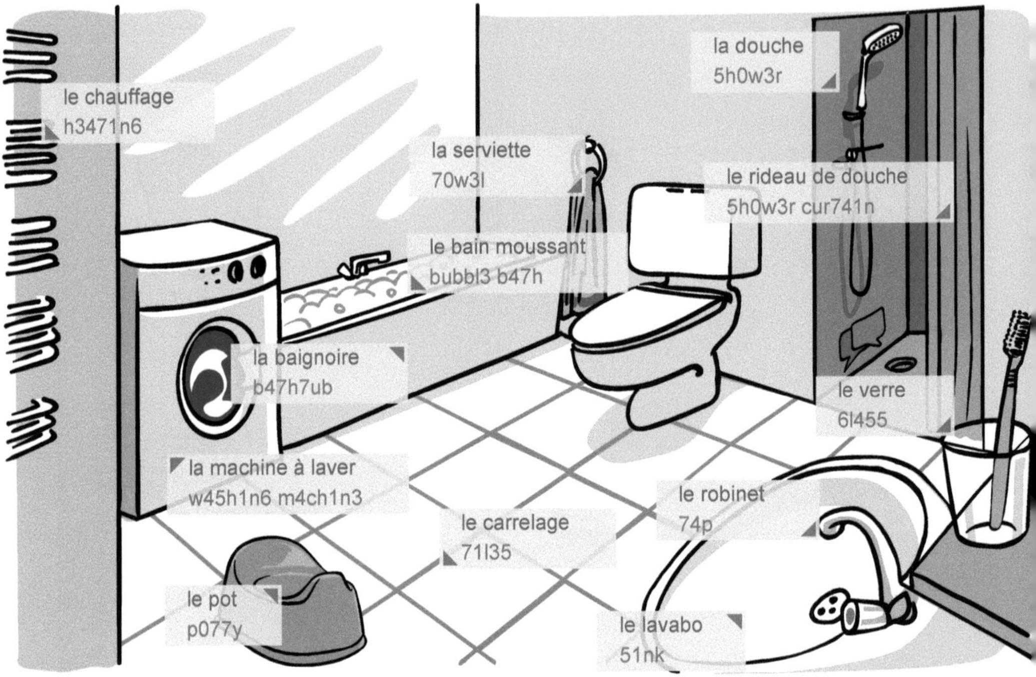

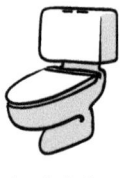

les toilettes

701l37

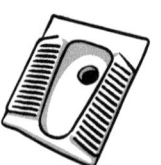

la toilette à la turque

5qu47 701l37

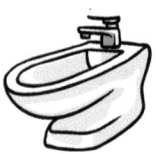

le bidet

b1d37

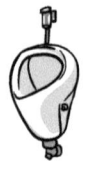

l'urinoir

ur1n4l

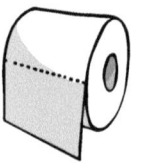

le papier toilette

701l37 p4p3r

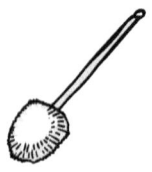

la brosse à toilette

701l37 bru5h

la brosse à dents

7007hbru5h

le dentifrice

7007hp4573

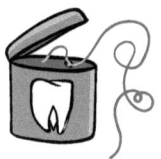

le fil dentaire

d3n74l fl055

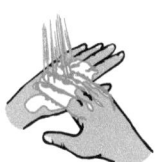

laver

w45h

la douche manuelle

h4nd 5h0w3r

la douche intime

d0uch3

la vasque

b451n

la brosse dorsale

b4ck bru5h

le savon

504p

le gel douche

5h0w3r 63l

le shampooing

5h4mp00

le gant de toilette

fl4nn3l

l'écoulement

dr41n

la crème

cr3m3

le déodorant

d30d0r4n7

le miroir
m1rr0r

le miroir cosmétique
h4nd m1rr0r

le rasoir
r4z0r

la mousse à raser
5h4v1n6 f04m

l'après-rasage
4f73r5h4v3

la peigne
c0mb

la brosse
bru5h

le sèche-cheveux
h41r-dry3r

la laque pour cheveux
h41r5pr4y

le fond de teint
m4k3up

le rouge à lèvres
l1p571ck

le vernis à ongles
n41l v4rn15h

l'ouate
c0770n w00l

le coupe-ongles
n41l 5c1550r5

le parfum
p3rfum3

la trousse de toilette

w45hb46

le tabouret

5700l

le pèse-personne

w316h1n6 5c4l35

le peignoir

b47hr0b3

les gants de nettoyage

rubb3r 6l0v35

le tampon

74mp0n

les serviettes hygiéniques

54n174ry 70w3l

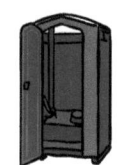

la toilette chimique

ch3m1c4l 701l37

la chambre d'enfant

ch1ld'5 r00m

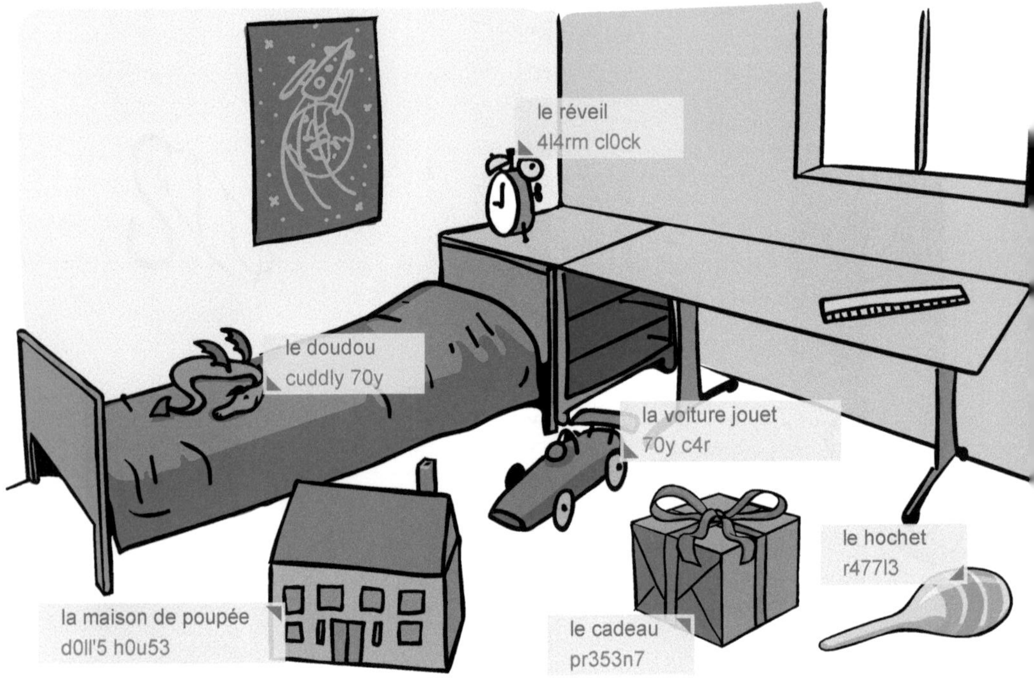
le réveil
4l4rm cl0ck
le doudou
cuddly 70y
la voiture jouet
70y c4r
le hochet
r477l3
la maison de poupée
d0ll'5 h0u53
le cadeau
pr353n7

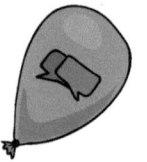

le ballon

b4ll00n

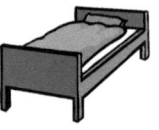

le lit

b3d

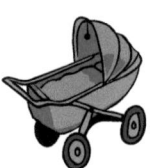

la poussette

57r0ll3r

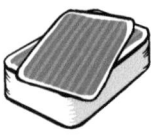

le jeu de cartes

d3ck 0f c4rd5

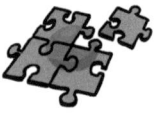

le puzzle

j1654w

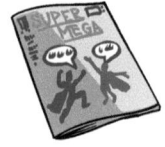

la bande dessinée

c0m1c

les pièces lego
l360 br1ck5

les blocs de construction
70y bl0ck5

la figurine
4c710n f16ur3

la grenouillère
r0mp3r 5u17

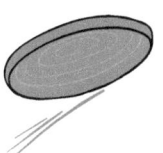

le frisbee
fr15b33

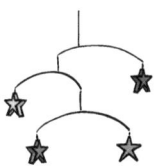

le mobile
m0b1l3

le jeu de société
b04rd 64m3

le dé
d1c3

le train miniature
m0d3l 7r41n 537

la sucette
dummy

la fête
p4r7y

le livre d'images
p1c7ur3 b00k

la balle
b4ll

la poupée
d0ll

jouer
pl4y

le bac à sable

54ndp17

la balançoire

5w1n6

les jouets

70y

la console de jeu

v1d30 64m3 c0n50l3

le tricycle

7r1cycl3

l'ours en peluche

73ddy b34r

l'armoire

w4rdr0b3

les vêtements

cl07h1n6

les chaussettes

50ck5

les bas

570ck1n65

le collant

716h75

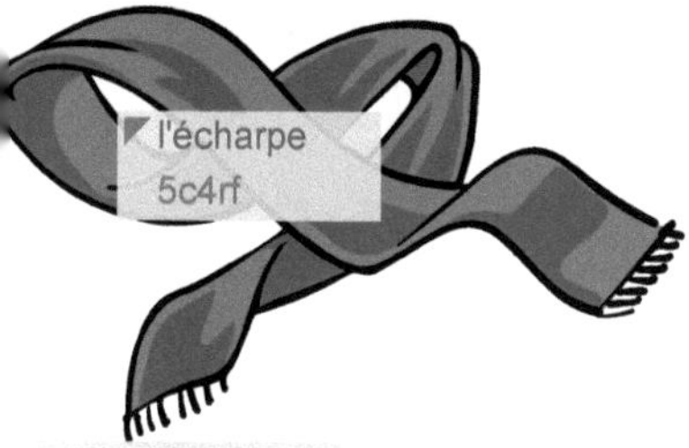

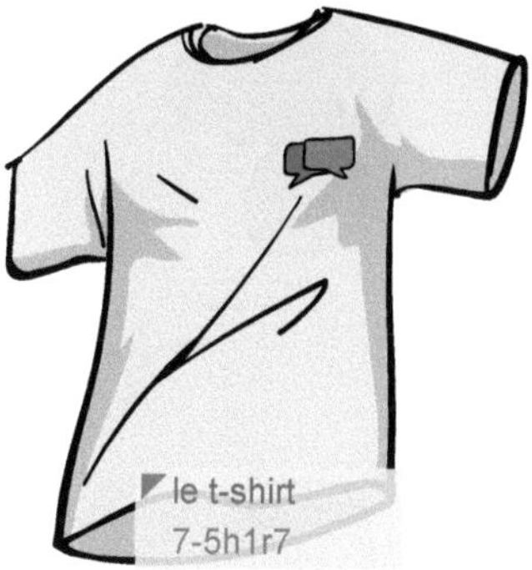

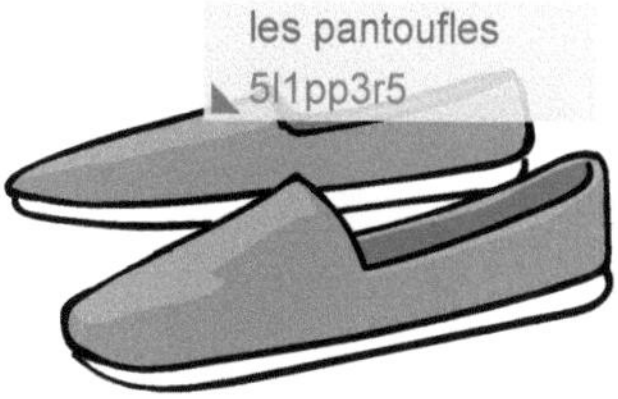

l'écharpe
5c4rf

la ceinture
b3l7

le parapluie
umbr3ll4

le t-shirt
7-5h1r7

les bottes
b0075

les pantoufles
5l1pp3r5

les baskets
5n34k3r5

les sandales
....
54nd4l5

les chaussures
....
5h035

les bottes de caoutchouc
....
rubb3r b0075

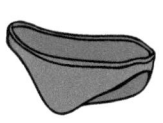

les sous-vêtements
....
br13f5

le soutien-gorge
....
br4

le maillot de corps
....
und3r5h1r7

le body

b0dy

le pantalon

p4n75

le jean

j34n5

la jupe

5k1r7

le chemisier

bl0u53

la chemise

5h1r7

le pull

pull0v3r

le sweat à capuche

5w3473r

la veste

bl4z3r

la veste

j4ck37

le manteau

c047

l'imperméable

r41nc047

le costume

c057um3

la robe

dr355

la robe de mariée

w3dd1n6 dr355

le costume

5u17

la chemise de nuit

n16h760wn

le pyjama

p4j4m45

le sari

54r1

le foulard

h34d5c4rf

le turban

7urb4n

la burqa

burk4

le caftan

k4f74n

l'abaya

4b4y4

le maillot de bain

5w1m5u17

le maillot de bain

7runk5

le short

5h0r75

la tenue d'entraînement

7r4ck5u17

le tablier

4pr0n

les gants

6l0v35

le bouton

bu770n

les lunettes

6l45535

le bracelet

br4c3l37

le collier

n3ckl4c3

la bague

r1n6

la boucle d'oreille

34rr1n6

le bonnet

c4p

le cintre

c047 h4n63r

le chapeau

h47

la cravate

713

la fermeture éclair

z1p

le casque

h3lm37

les bretelles

br4c35

l'uniforme scolaire

5ch00l un1f0rm

l'uniforme

un1f0rm

le bavoir
b1b

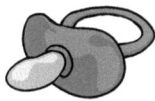

la sucette
dummy

la lange
d14p3r

le bureau
0ff1c3

le serveur
53rv3r

l'armoire d'archivage
f1l1n6 c4b1n37

l'imprimante
pr1n73r

l'écran
m0n170r

le papier
p4p3r

la souris
m0u53

le bureau
d35k

le classeur
f0ld3r

le clavier
k3yb04rd

la corbeille à papier
w4573-p4p3r b45k37

l'ordinateur
c0mpu73r

la chaise
ch41r

la tasse de café
c0ff33 mu6

la calculatrice
c4lcul470r

l'internet
1n73rn37

l'ordinateur portable

l4p70p

la lettre

l3773r

le message

m355463

le portable

c3ll ph0n3

le réseau

n37w0rk

la photocopieuse

ph070c0p13r

le logiciel

50f7w4r3

le téléphone

73l3ph0n3

la prise

plu6 50ck37

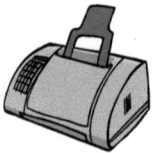

le fax

f4x m4ch1n3

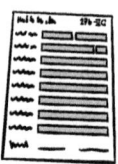

le formulaire

f0rm

le document

d0cum3n7

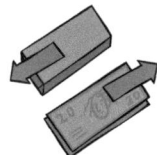

acheter

buy

payer

p4y

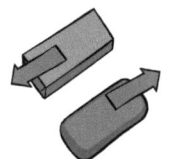

faire du commerce

7r4d3

la monnaie

m0n3y

le dollar

d0ll4r

l'euro

3ur0

le yen

y3n

le rouble

r0ubl3

le franc suisse

5w155 fr4nc

le renminbi yuan

r3nm1nb1 yu4n

la roupie

rup33

le distributeur automatique

c45h p01n7

le bureau de change

curr3ncy 3xch4n63 0ff1c3

l'or

60ld

l'argent

51lv3r

le pétrole

01l

l'énergie

3n3r6y

le prix

pr1c3

le contrat

c0n7r4c7

la taxe

74x

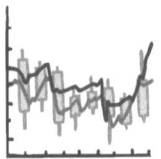

l'action

570ck

travailler

w0rk

l'employé

3mpl0y33

l'employeur

3mpl0y3r

l'usine

f4c70ry

le magasin

5h0p

les professions
0ccup4710n5

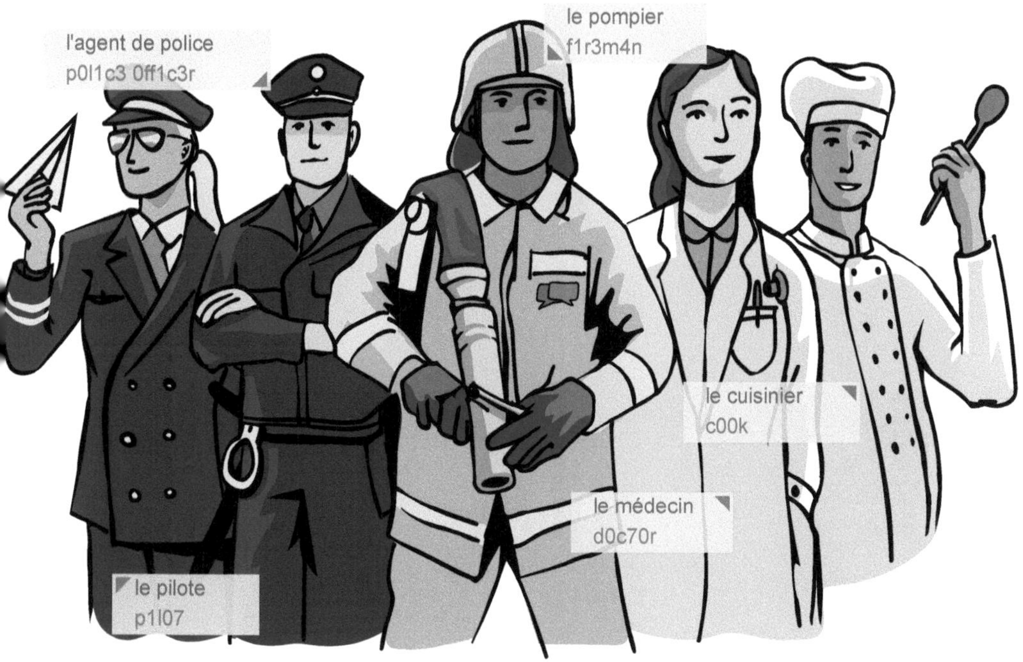
l'agent de police
p0l1c3 0ff1c3r
le pompier
f1r3m4n
le cuisinier
c00k
le médecin
d0c70r
le pilote
p1l07

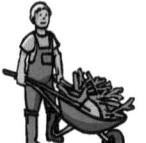

le jardinier

64rd3n3r

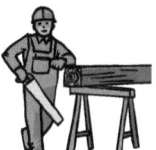

le menuisier

c4rp3n73r

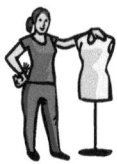

la couturière

534m57r355

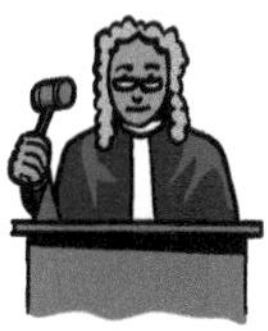

le juge

jud63

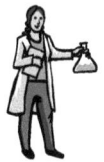

le chimiste

ch3m157

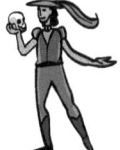

l'acteur

4c70r

le conducteur de bus

bu5 dr1v3r

le chauffeur de taxi

74x1 dr1v3r

le pêcheur

f15h3rm4n

la femme de ménage

cl34n1n6 l4dy

le couvreur

r00f3r

le serveur

w4173r

le chasseur

hun73r

le peintre

p41n73r

le boulanger

b4k3r

l'électricien

3l3c7r1c14n

l'ouvrier

bu1ld3r

l'ingénieur

3n61n33r

le boucher

bu7ch3r

le plombier

plumb3r

le facteur

p057m4n

le soldat

50ld13r

l'architecte

4rch173c7

le caissier

c45h13r

le fleuriste

fl0r157

le coiffeur

h41rdr3553r

le contrôleur

c0nduc70r

le mécanicien

m3ch4n1c

le capitaine

c4p741n

le dentiste

d3n7157

le scientifique

5c13n7157

le rabbin

r4bb1

l'imam

1m4m

le moine

m0nk

le prêtre

p4570r

les outils
700l5

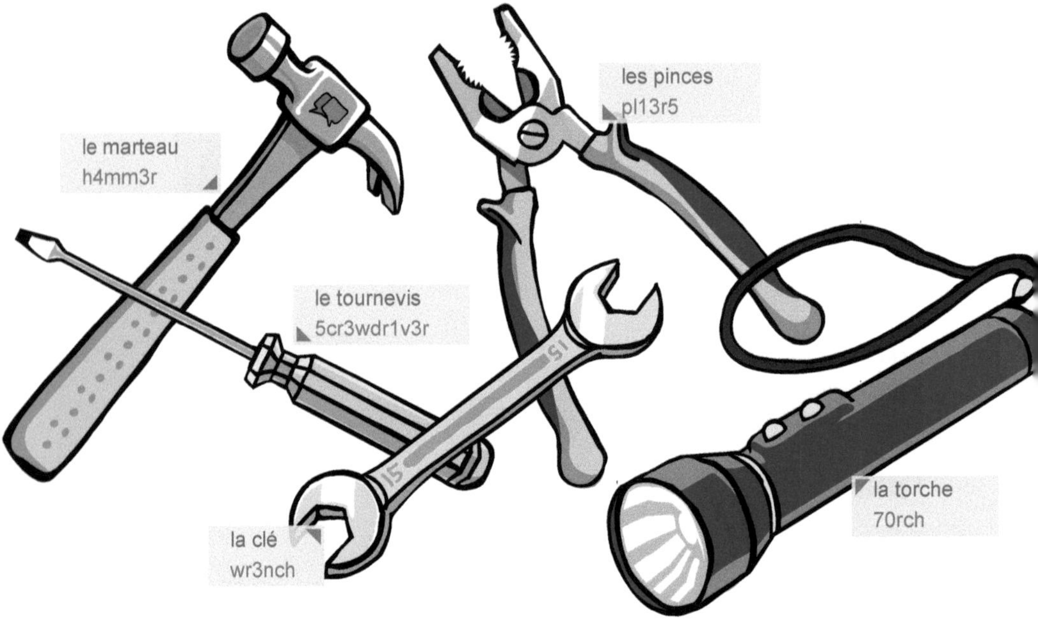
le marteau
h4mm3r
les pinces
pl13r5
le tournevis
5cr3wdr1v3r
la clé
wr3nch
la torche
70rch

la pelleteuse

3xc4v470r

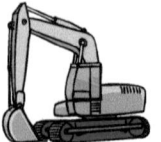

la boîte à outils

700lb0x

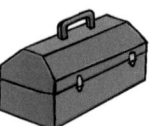

l'échelle

l4dd3r

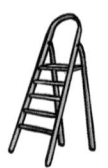

la scie

54w

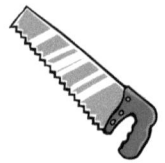

les clous

n41l5

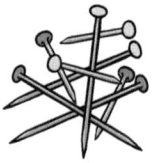

la perceuse

dr1ll

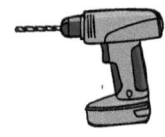

réparer

r3p41r

la pelle

5h0v3l

Mince !

d4mn!

la pelle

du57p4n

le pot de peinture

p41n7 c4n

les vis

5cr3w5

les instruments de musique
mu51c4l 1n57rum3n75

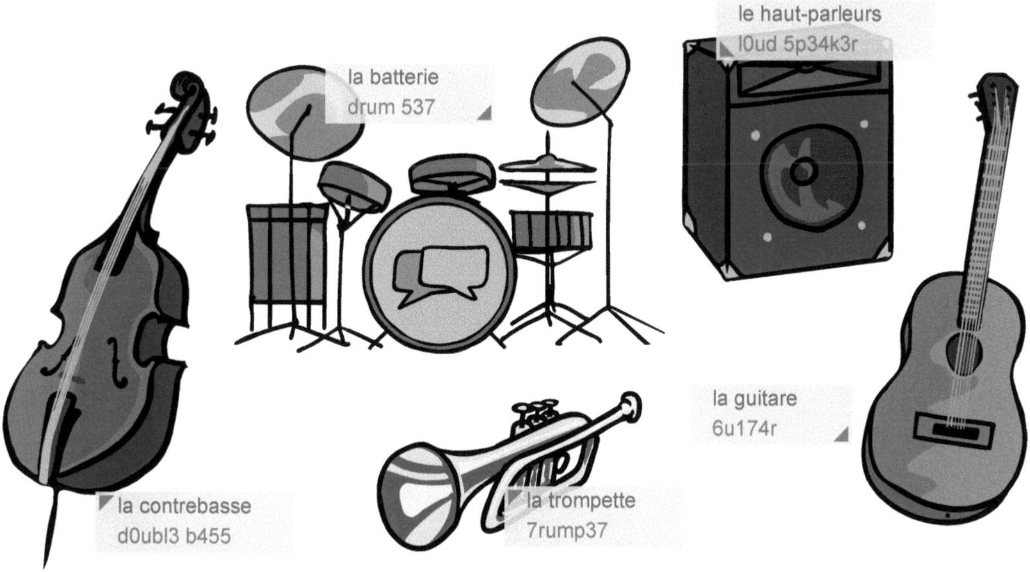

la batterie
drum 537

le haut-parleurs
l0ud 5p34k3r

la guitare
6u174r

la contrebasse
d0ubl3 b455

la trompette
7rump37

le piano

p14n0

le violon

v10l1n

la basse

b455

les timbales

71mp4n1

le tambour

drum5

le piano électrique

k3yb04rd

le saxophone

54x0ph0n3

la flûte

flu73

le microphone

m1cr0ph0n3

le zoo
z00

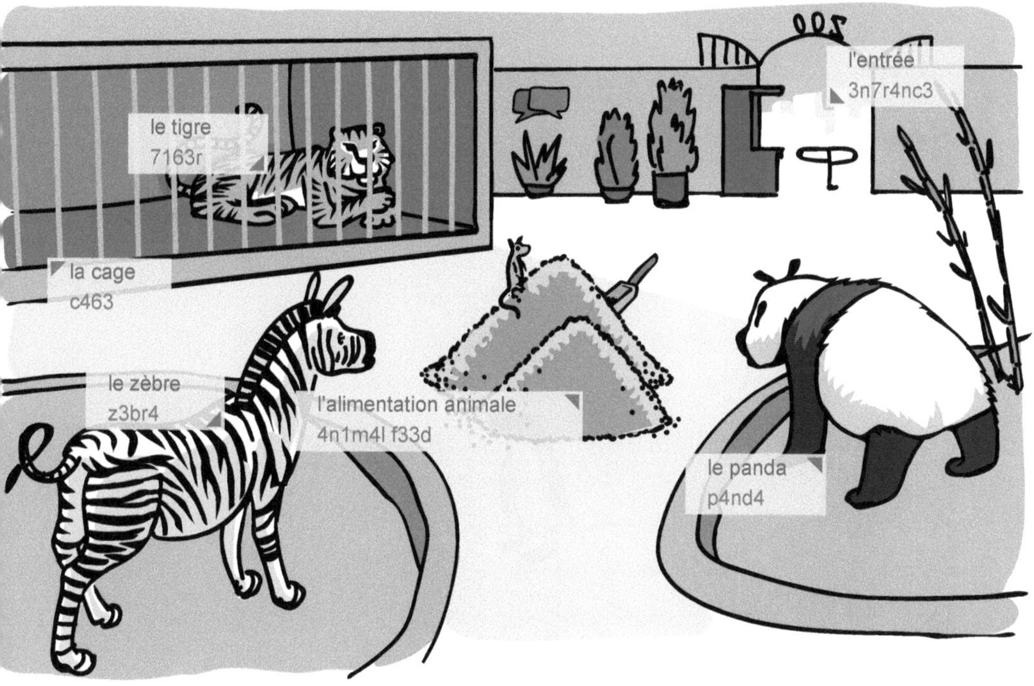

le tigre
7163r
l'entrée
3n7r4nc3
la cage
c463
le zèbre
z3br4
l'alimentation animale
4n1m4l f33d
le panda
p4nd4

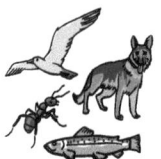

les animaux

4n1m4l5

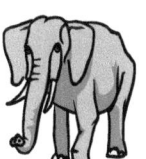

l'éléphant

3l3ph4n7

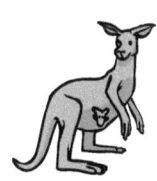

le kangourou

k4n64r00

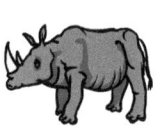

le rhinocéros

rh1n0

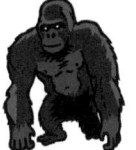

le gorille

60r1ll4

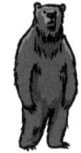

l'ours

b34r

le chameau

c4m3l

l'autruche

057r1ch

le lion

l10n

le singe

m0nk3y

le flamand rose

fl4m1n60

le perroquet

p4rr07

l'ours polaire

p0l4r b34r

le pingouin

p3n6u1n

le requin

5h4rk

le paon

p34c0ck

le serpent

5n4k3

le crocodile

cr0c0d1l3

le gardien de zoo

z00k33p3r

le phoque

534l

le jaguar

j46u4r

le zoo - z00

le poney

p0ny

le léopard

l30p4rd

l'hippopotame

h1pp0

la girafe

61r4ff3

l'aigle

346l3

le sanglier

b04r

le poisson

f15h

la tortue

7ur7l3

le morse

w4lru5

le renard

f0x

la gazelle

64z3ll3

l'american Football
4m3r1c4n f007b4ll

le cyclisme
cycl1n6

le tennis
73nn15

le basket-ball
b45k37b4ll

la natation
5w1mm1n6

la boxe
b0x1n6

le hockey sur glace
1c3 h0ck3y

le football
50cc3r

le badminton
b4dm1n70n

l'athlétisme
47hl371c5

le handball
h4ndb4ll

le ski
5k11n6

le polo
p0l0

les activités
4c71v17135

rire
l4u6h
sauter
jump
embrasser
hu6
marcher
w4lk
chanter
51n6
rêver
dr34m
prier
pr4y
faire la bise
k155

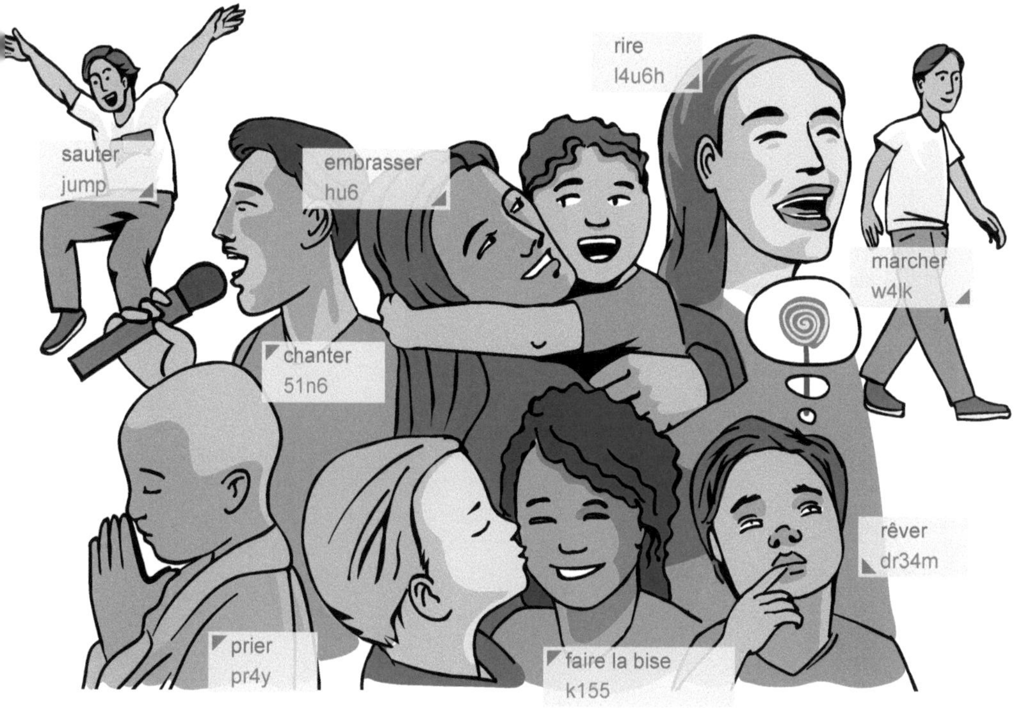

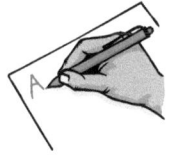

écrire
wr173

dessiner
dr4w

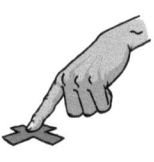

montrer
5h0w

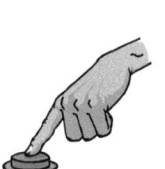

pousser
pu5h

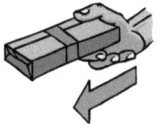

donner
61v3

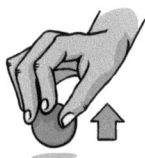

prendre
74k3

avoir

h4v3

faire

d0

être

b3

être debout

574nd

courir

run

trier

pull

jeter

7hr0w

tomber

f4ll

être couché

l13

attendre

w417

porter

c4rry

être assis

517

s'habiller

637 dr3553d

dormir

5l33p

se réveiller

w4k3 up

regarder

l00k 47

pleurer

cry

caresser

57r0k3

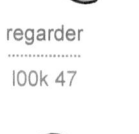

peigner

c0mb

parler

74lk

comprendre

und3r574nd

demander

45k

écouter

l1573n

boire

dr1nk

manger

347

ranger

71dy up

aimer

l0v3

cuire

c00k

conduire

dr1v3

voler

fly

faire de la voile

5411

calculer

c4lcul473

lire

r34d

apprendre

l34rn

travailler

w0rk

se marier

m4rry

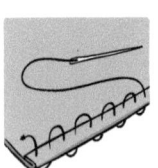

coudre

53w

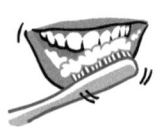

brosser les dents

bru5h 7337h

tuer

k1ll

fumer

5m0k3

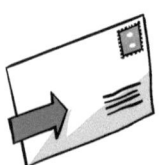

envoyer

53nd

la famille
f4m1ly

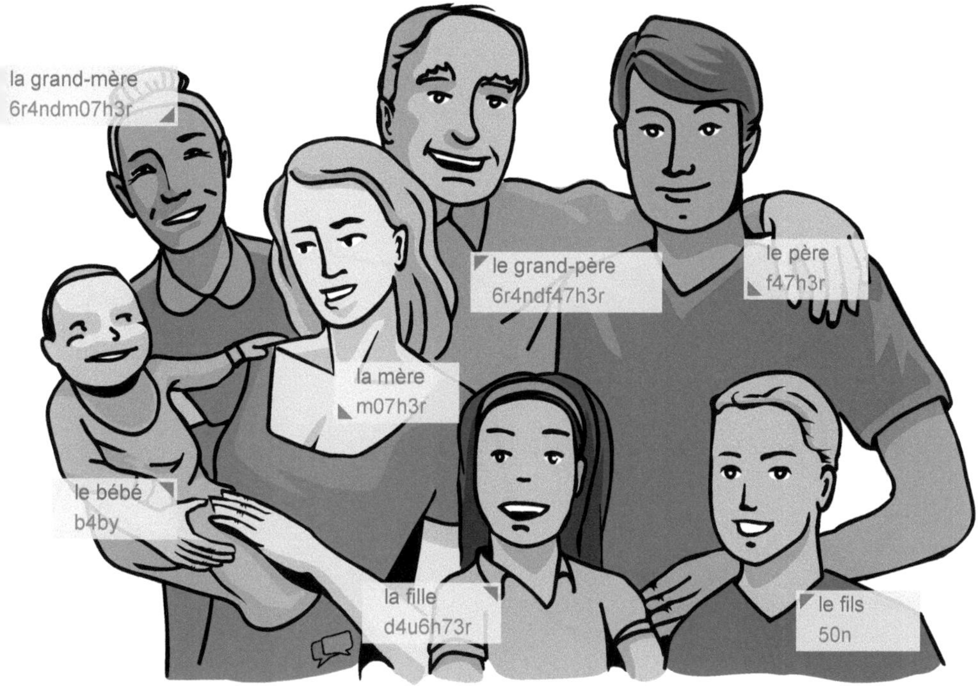

la grand-mère
6r4ndm07h3r
le grand-père
6r4ndf47h3r
le père
f47h3r
la mère
m07h3r
le bébé
b4by
la fille
d4u6h73r
le fils
50n

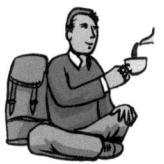

l'hôte
6u357

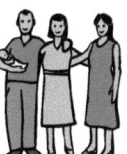

la tante
4un7

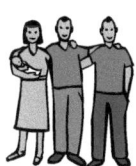

l'oncle
uncl3

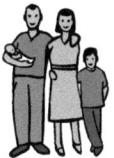

le frère
br07h3r

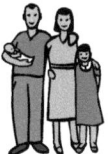

la sœur
51573r

le corps

b0dy

le front
f0r3h34d
l'œil
3y3
l'épaule
5h0uld3r
le doigt
f1n63r
le visage
f4c3
le menton
ch1n
la main
h4nd
la jambe
l36
la poitrine
br3457
le bras
4rm

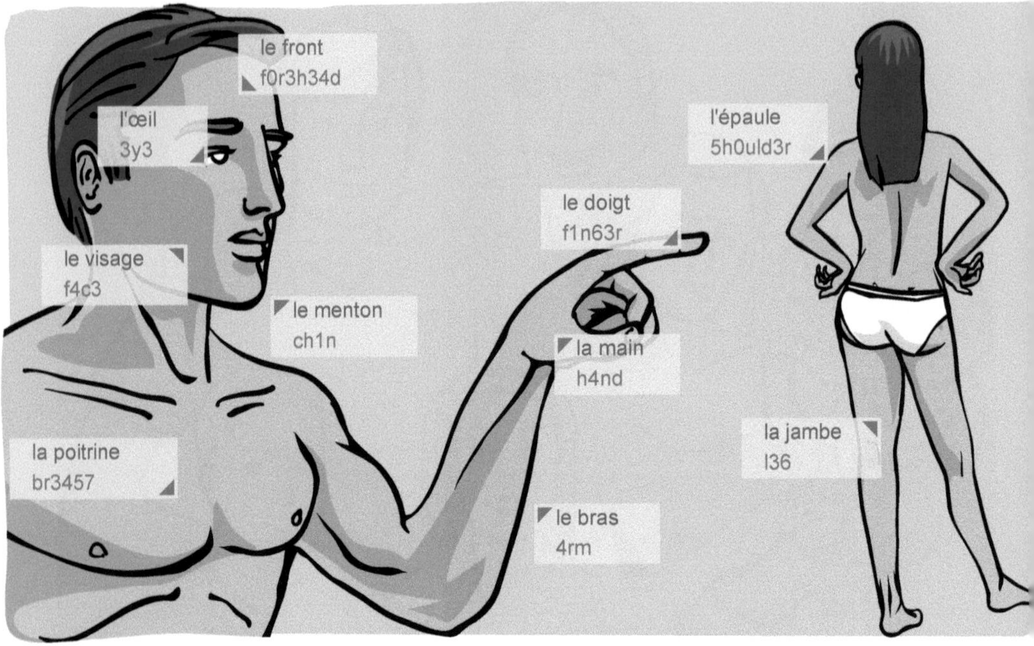

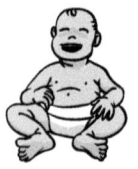

le bébé

b4by

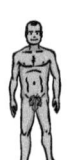

l'homme

m4n

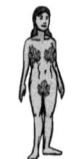

la femme

w0m4n

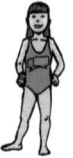

la fille

61rl

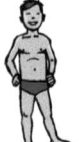

le garçon

b0y

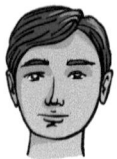

la tête

h34d

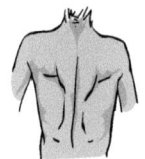

le dos

b4ck

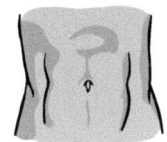

le ventre

b3lly

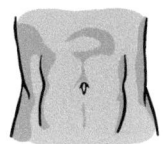

le nombril

n4v3l

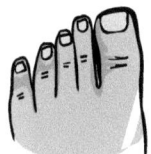

l'orteil

703

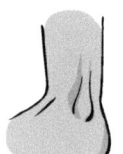

le talon

h33l

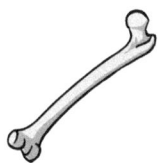

l'os

b0n3

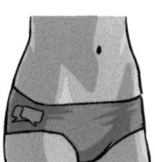

la hanche

h1p

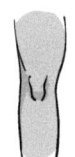

le genou

kn33

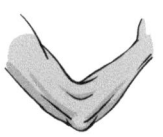

le coude

3lb0w

le nez

n053

les fesses

bu770ck5

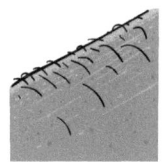

la peau

5k1n

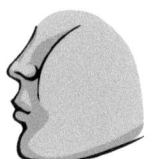

la joue

ch33k

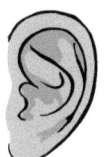

l'oreille

34r

la lèvre

l1p

le corps - b0dy

la bouche

m0u7h

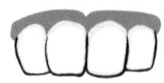

la dent

7007h

la langue

70n6u3

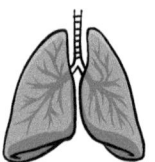

le cerveau

br41n

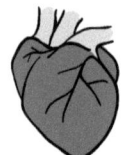

le cœur

h34r7

le muscle

mu5cl3

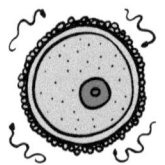

les poumons

lun6

le foie

l1v3r

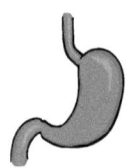

l'estomac

570m4ch

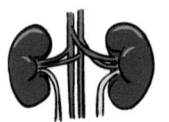

les reins

k1dn3y5

le rapport sexuel

53x

le préservatif

c0nd0m

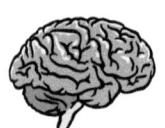

l'ovule

0vum

le sperme

53m3n

la grossesse

pr36n4ncy

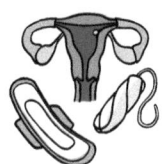

la menstruation

m3n57ru4710n

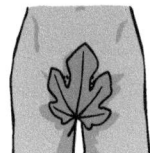

le vagin

v461n4

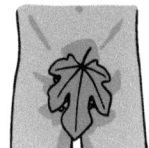

le pénis

p3n15

le sourcil

3y3br0w

les cheveux

h41r

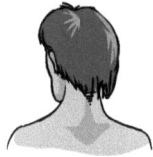

le cou

n3ck

l'hôpital
h05p174l

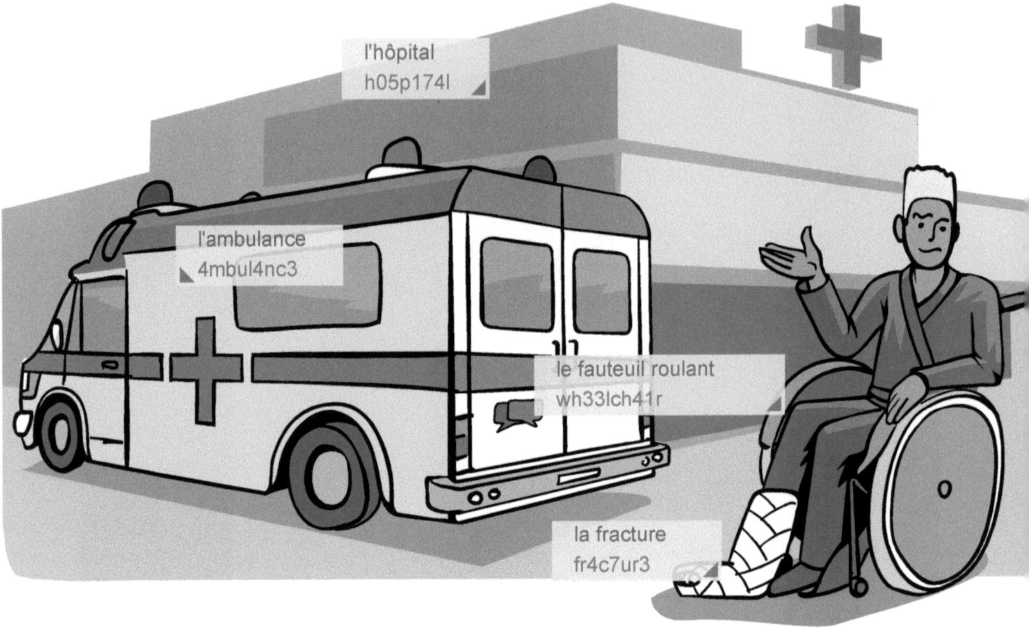

l'hôpital
h05p174l
l'ambulance
4mbul4nc3
le fauteuil roulant
wh33lch41r
la fracture
fr4c7ur3

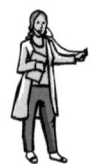

le médecin

d0c70r

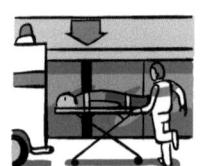

le service des urgences

3m3r63ncy r00m

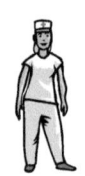

l'infirmière

nur53

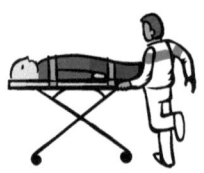

l'urgence

3m3r63ncy

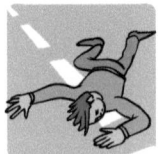

inconscient

unc0n5c10u5

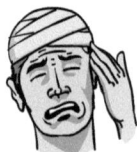

la douleur

p41n

la blessure

1njury

l'hémorragie

bl33d1n6

la crise cardiaque

h34r7 4774ck

l'attaque cérébrale

57r0k3

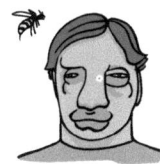

l'allergie

4ll3r6y

la toux

c0u6h

la fièvre

f3v3r

la grippe

flu

la diarrhée

d14rrh34

le mal de tête

h34d4ch3

le cancer

c4nc3r

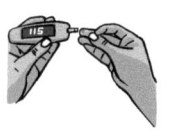

le diabète

d14b3735

le chirurgien

5ur630n

le scalpel

5c4lp3l

l'opération

0p3r4710n

le CT

c7

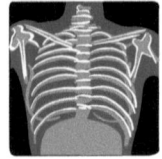

la radiographie

x-r4y

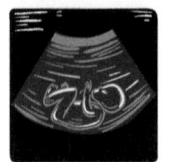

l'échographie

ul7r450und

le masque

f4c3 m45k

la maladie

d153453

la salle d'attente

w4171n6 r00m

la béquille

cru7ch

le pansement

pl4573r

le pansement

b4nd463

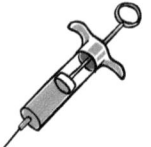

l'injection

1nj3c710n

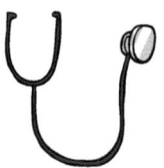

le stéthoscope

5737h05c0p3

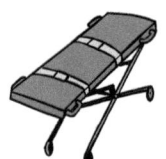

le brancard

57r37ch3r

le thermomètre

cl1n1c4l 7h3rm0m373r

l'accouchement

b1r7h

la surcharge pondérale

0v3rw316h7

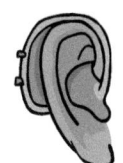

l'appareil auditif

h34r1n6 41d

le désinfectant

d151nf3c74n7

l'infection

1nf3c710n

le virus

v1ru5

le VIH / le sida

h1v / 41d5

le médicament

m3d1c1n3

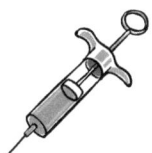

la vaccination

v4cc1n4710n

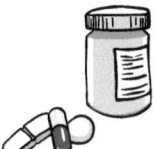

les comprimés

74bl375

la pilule

p1ll

l'appel d'urgence

3m3r63ncy c4ll

le tensiomètre

bl00d pr355ur3 m0n170r

malade / sain

1ll / h34l7hy

Au secours !

h3lp!

l'alarme

4l4rm

l'assaut

4554ul7

l'attaque

4774ck

le danger

d4n63r

la sortie de secours

3m3r63ncy 3x17

Au feu!

f1r3!

l'extincteur

f1r3 3x71n6u15h3r

l'accident

4cc1d3n7

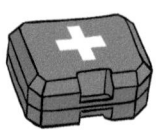

la trousse de premier
secours

f1r57-41d k17

SOS

505

la police

p0l1c3

l'Europe

3ur0p3

l'Amérique du Nord

n0r7h 4m3r1c4

l'Amérique du Sud

50u7h 4m3r1c4

l'Afrique

4fr1c4

l'Asie

4514

l'Australie

4u57r4l14

l'Océan atlantique

47l4n71c

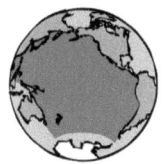

l'Océan pacifique

p4c1f1c

l'Océan indien

1nd14n 0c34n

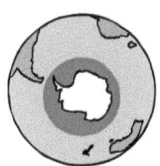

l'Océan antarctique

4n74rc71c 0c34n

l'Océan arctique

4rc71c 0c34n

le Pôle nord

n0r7h p0l3

le Pôle sud
....
50u7h p0l3

l'Antarctique
....
4n74rc71c4

la terre
....
34r7h

le pays
....
l4nd

la mer
....
534

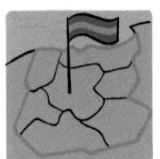

l'île
....
15l4nd

la nation
....
n4710n

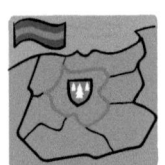

l'état
....
57473

le cadran

cl0ck f4c3

l'aiguille des heures

h0ur h4nd

l'aiguille des minutes

m1nu73 h4nd

l'aiguille des secondes

53c0nd h4nd

Quelle heure est-il ?

wh47 71m3 15 17?

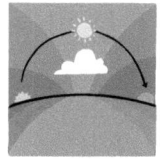

le jour

d4y

le temps

71m3

maintenant

n0w

la montre digitale

d16174l w47ch

la minute

m1nu73

l'heure

h0ur

la semaine

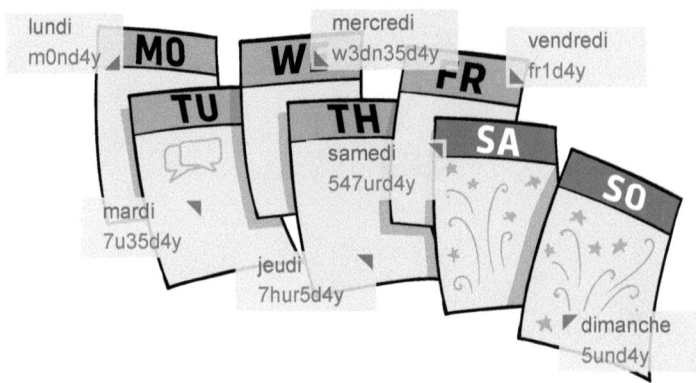

lundi
m0nd4y

mardi
7u35d4y

mercredi
w3dn35d4y

jeudi
7hur5d4y

vendredi
fr1d4y

samedi
547urd4y

dimanche
5und4y

hier

y3573rd4y

aujourd'hui

70d4y

demain

70m0rr0w

le matin

m0rn1n6

le midi

n00n

le soir

3v3n1n6

les jours ouvrables

w0rkd4y5

le week-end

w33k3nd

l'année
y34r

la pluie
r41n
l'arc-en-ciel
r41nb0w
la neige
5n0w
le vent
w1nd
le printemps
5pr1n6
l'automne
f4ll
l'été
5umm3r
l'hiver
w1n73r

4.APRIL 11°
5.APRIL 4°
6.APRIL 13°
7.APRIL 8°
8.APRIL 10°

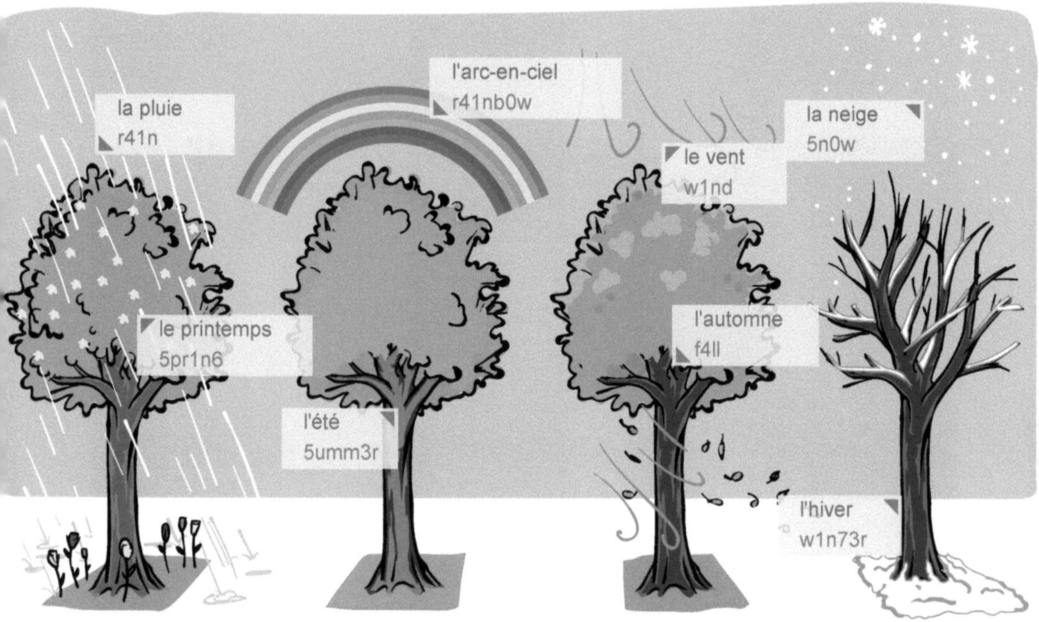

la météo

w347h3r f0r3c457

F C
120 40
90 30
60 20
30 10
0 0
-30 -10
-20

le thermomètre

7h3rm0m373r

la lumière du soleil

5un5h1n3

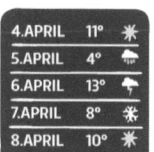

le nuage

cl0ud

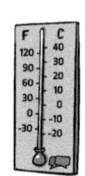

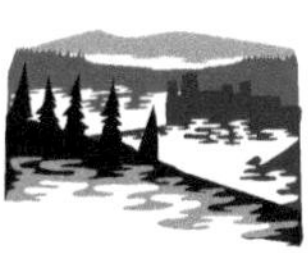

le brouillard

f06

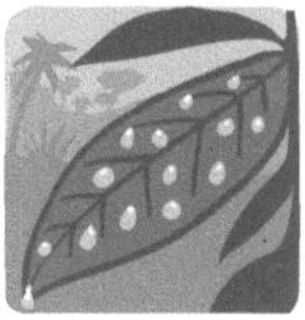

l'humidité

hum1d17y

la foudre

l16h7n1n6

la tonnerre

7hund3r

la tempête

570rm

la grêle

h41l

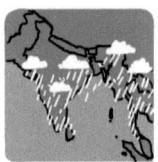

la mousson

m0n500n

l'inondation

fl00d

la glace

1c3

janvier

j4nu4ry

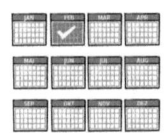

février

f3bru4ry

mars

m4rch

avril

4pr1l

mai

m4y

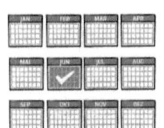

juin

jun3

juillet

july

août

4u6u57

septembre
....
53p73mb3r

octobre
....
0c70b3r

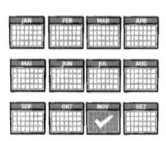

novembre
....
n0v3mb3r

décembre
....
d3c3mb3r

les formes

5h4p35

le cercle
....
c1rcl3

le carré
....
5qu4r3

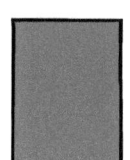

le rectangle
....
r3c74n6l3

le triangle
....
7r14n6l3

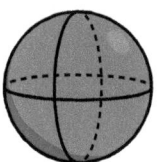

la sphère
....
5ph3r3

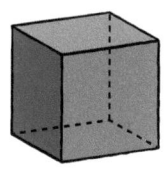

le cube
....
cub3

blanc

wh173

jaune

y3ll0w

orange

0r4n63

rose

p1nk

rouge

r3d

violet

purpl3

bleu

blu3

vert

6r33n

marron

br0wn

gris

6r4y

noir

bl4ck

beaucoup / peu

4 l07 / 4 l177l3

fâché / calme

4n6ry / c4lm

joli / laid

b34u71ful / u6ly

le début / la fin

b361nn1n6 / 3nd

grand / petit

b16 / 5m4ll

clair / obscure

br16h7 / d4rk

frère / soeur

br07h3r / 51573r

propre / sale

cl34n / d1r7y

complet / incomplet

c0mpl373 / 1nc0mpl373

le jour / la nuit

d4y / n16h7

mort / vivant

d34d / 4l1v3

large / étroit

w1d3 / n4rr0w

comestible / incomestible

3d1bl3 / 1n3d1bl3

méchant / gentil

3v1l / k1nd

excité / ennuyé

3xc173d / b0r3d

gros / mince

f47 / 7h1n

le premier / le dernier

f1r57 / l457

l'ami / l'ennemi

fr13nd / 3n3my

plein / vide

full / 3mp7y

dur / souple

h4rd / 50f7

lourd / léger

h34vy / l16h7

faim / soif

hun63r / 7h1r57

malade / sain

1ll / h34l7hy

illégal / légal

1ll364l / l364l

intelligent / stupide

1n73ll163n7 / 57up1d

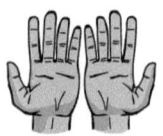

gauche / droite

l3f7 / r16h7

proche / loin

n34r / f4r

nouveau / usé

n3w / u53d

rien / quelque chose

n07h1n6 / 50m37h1n6

vieux / jeune

0ld / y0un6

marche / arrêt

0n / 0ff

ouvert / fermé

0p3n / cl053d

faible / fort

qu137 / l0ud

riche / pauvre

r1ch / p00r

correct / incorrect

r16h7 / wr0n6

rugueux / lisse

r0u6h / 5m007h

triste / heureux

54d / h4ppy

court / long

5h0r7 / l0n6

lent / rapide

5l0w / f457

mouillé / sec

w37 / dry

chaud / froid

w4rm / c00l

la guerre / la paix

w4r / p34c3

0

zéro

z3r0

1

un / une

0n3

2

deux

7w0

3

trois

7hr33

4

quatre

f0ur

5

cinq

f1v3

6

six

51x

7

sept

53v3n

8

huit

316h7

9

neuf

n1n3

10

dix

73n

11

onze

3l3v3n

12

douze

7w3lv3

13

treize

7h1r733n

14

quatorze

f0ur733n

15

quinze

f1f733n

16

seize

51x733n

17

dix-sept

53v3n733n

18

dix-huit

316h733n

19

dix-neuf

n1n3733n

20

vingt

7w3n7y

100

cent

hundr3d

1.000

mille

7h0u54nd

1.000.000

le million

m1ll10n

les langues

l4n6u4635

l'anglais

3n6l15h

l'anglais américain

4m3r1c4n 3n6l15h

le chinois mandarin

ch1n353 m4nd4r1n

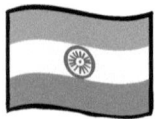

le hindi

h1nd1

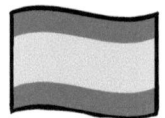

l'espagnol

5p4n15h

le français

fr3nch

l'arabe

4r4b1c

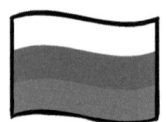

le russe

ru5514n

le portugais

p0r7u6u353

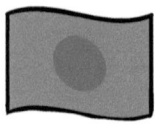

le bengali

b3n64l1

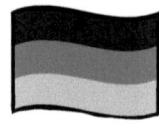

l'allemand

63rm4n

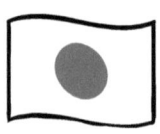

le japonais

j4p4n353

je
1

tu
y0u

il / elle / ce, c', cela
h3 / 5h3 / 17

nous
w3

vous
y0u

ils / elles
7h3y

Qui ?
wh0?

Quoi ?
wh47?

Comment ?
h0w?

Où ?
wh3r3?

Quand ?
wh3n?

le nom
n4m3

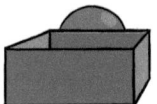

derrière

b3h1nd

dans

1n

devant

1n fr0n7 0f

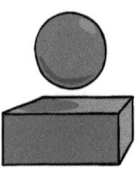

au-dessus

0v3r

sur

0n

en-dessous

und3r

à côté de

b351d3

entre

b37w33n

le lieu

pl4c3